13, rue de Genval B-1301 Bierges
5, rue du Louvre F-75001 Paris

Exley Publications Ltd
16, Chalkhill, Watford, Herts , WD1 4BN,
United Kingdom

isbn 2-87388-018-x
D/1994/7003/18

L'éditeur remercie les détenteurs de copyrights suivants:

Picture credits : Exley Publications is very grateful to the following individuals and organizations for permission to reproduce their pictures : Archiv Für Kunst (AKG), Art Resource (AR), The Bridgeman Art Library (BAL), Christie's Images (CI), Fine Art photographic Library (FAP), Giraudon (Gir), Scala (Sc). Cover : (BAL) Peter Severin Kroyer, Gotesborgs Konstmuseum, Sweden; page 5 (title page) : (BAL) Eloise Harriet Stannard, Oscar & Peter Johnson Ltd., London; page 6 : (CI) W.K. Dregent; page 9 : (FA) Artist Unknown; page 11 : (Sc) Vincent van Gogh, Pushkin Museum, Moscow; page 12/13 : (FA) Artist Unknown; page 14 : (FA) Peter Severin Kroyer; page 16 : (Sc) Castello de Buonconsiglio, Trento; page 19 : (BAL) © 1994 Sir Alfred Munnings (1878-1959) "Tagg's Island" (detail), City Museum and Art Gallery, Stoke-on Trent ; page 20 : (BAL) Diego Rodriguez de Silva y Velasquez, Apsley House, London; page 22 : (BAL) Harald Sohlberg, National Gallery, Oslo; page 24 : (Sc) Piotr Koncialovskij, Tretchkov Gallery, Moscow; page 27 : (Sc) Piotr Koncialovskij, Tretchkov Gallery, Moscow; page 28 : (BAL) Viggo Johansen, National Museum, Stockholm; page 30 : (Gir) H. Rousseau, Ancienne Collection Brame et Lorenceau; page 32 : (BAL) © 1994 Max Volkhard (1848-1935) "The Serving Girl" (detail), Josef Mensing Gallery, Hamm-Rhynern; page 34 : (AKG) Egyptian wall painting; page 37 : (FA) © DACs 1994 Maurice Leloir (1853-1940) "The Wine Festival" (detail) by courtesy of Galerie Berko; page 39 : (CI) Vincent Gabriel Gilbert; page 41 : (Sc) Ilja Mashkov, Tretchov Gallery, Moscow; page 43 : (CI) Peder Mousted; page 44 : (AKG) Claude Monet, Musée d'Orsay, Paris; page 47 : (Gir/AR) Auguste Renoir, Musée d'Orsay, Paris; page 48 : (BAL) Osias Beert the Elder, Alan Jacobs Gallery, London; page 50 : (FA) Eugene Claude; page 52 : (AKG) Paul Gauguin, Pushkin Museum, Moscow; page 55 : (Sc) Bruelow Karl Pawlowitsch, Museo Statale Russo, St Petersburg; page 56 : (FA) Alfred Arthur Brunel de Neuville, Anthony Mitchell Paintings, Nottingham; page 59 : (CI) Thomas Keyse; page 60/61 (BAL) E. Rischgitz, Victoria & Albert Museum, London. (C) Edition Julliard, "Les esprits de Garonne", d'André BERRY.

LE *V*IN
CITATIONS

UNE SÉLECTION
DE BELLES IMAGES
ET DE BEAUX TEXTES

- ◆ -

RÉALISÉE PAR HELEN EXLEY

ADAPTATION ET TRADUCTION B. ET G. THOMAS

EXLEY
PARIS, LONDRES

Va manger avec joie ton pain
Et bois de bon coeur ton vin.

BUFFON (1707-1788)

- ♦ -

Une barrique de vin peut faire
plus de miracles
qu'une église remplie de saints.

PROVERBE ITALIEN

- ♦ -

Le vin, c'est la vie.

HORACE (65-8 AV.JC)

- ♦ -

Quand le vin est tiré, il faut le boire.

PROVERBE

- ♦ -

Dis-moi ce que tu bois et je te dirai
quelle cathédrale tu construis,
quel tableau tu peins,
quel poème tu chantes…

PROVERBE

- ♦ -

SUBLIMATION

Un soir, l'âme du vin
chantait dans la bouteille.

CHARLES BAUDELAIRE (1821-1867)
"L'Ame du Vin" extrait de "Les Fleurs du Mal"

- ◆ -

Dieu n'avait fait que l'eau,
mais l'homme a fait le vin !

VICTOR HUGO (1802-1885) "La Fête chez Thérèse"

- ◆ -

Profondes joies du vin,
qui ne vous a connues ?
Quiconque a un remords à apaiser,
un souvenir à évoquer, une douleur
à noyer, un château en Espagne à bâtir,
tous, enfin, vous ont invoqué, dieu mystérieux
caché dans les fibres de la vigne.
Qu'ils sont grands les spectacles du vin
illuminés par le soleil intérieur,
qu'elle est vraie et brûlante, cette seconde
jeunesse que l'homme puise en lui !

CHARLES BAUDELAIRE (1821-1867)

Le vin, c'est la lumière du soleil
captive dans l'eau.

GALILÉE (1564-1642)

- ◆ -

... Mais tous furent amateurs
de purée septembrale.

FRANÇOIS RABELAIS (1490-1553) "Pantagruel"

- ◆ -

Le vin est ce qu'il y a
de plus civilisé au monde.

ERNEST HEMINGWAY (1899-1961)

- ◆ -

Qui n'aime point le vin,
les femmes ni le chant,
Restera un sot toute sa vie durant.

MARTIN LUTHER (1483-1546)

- ◆ -

Seul dans le domaine végétal,
le vin permet à l'homme de comprendre
la véritable saveur de la terre.

COLETTE (1873-1954)

- ◆ -

Laissez fermenter le Gamay de mon pays dans une grande cuve. Ajoutez-y le rire d'une fille, les parfums printaniers d'un jardin et une bonne dose de l'esprit de Montmartre...

recette traditionnelle de LA RÉGION DE SAINT-AMOUR

-♦-

Le vin réjouit le coeur des humains.

PSAUME 104, 15.

- ◆ -

Aussi bien fut-il créé
aux origines pour apporter la joie.
Le vin apporte allégresse du coeur et joie de l'âme,
quand on le boit à propos et juste ce qu'il faut.

LE SIRACIDE, XXXI 27,28.

- ◆ -

Un homme assis à l'ombre de sa vigne,
sa femme à ses côtés, ses enfants autour de lui,
des grappes à portée de main, se trouve
dans une ambiance telle qu'il peut atteindre
un sommet du bonheur.

- ◆ -

Bon Français, quand je vois mon verre
Plein de son vin couleur de feu,
Je songe, en remerciant Dieu,
Qu'ils n'en ont pas de pareil en Angleterre.

PIERRE DUPONT (1821-1870) "Ma Vigne"

- ◆ -

Le vin délivre les coeurs
de leurs peines :
C'est pourquoi les sages le nomment
la clé du verrou des tristesses.
J'aime cette liqueur de pourpre :
Elle flétrit la face du souci
et elle enfante l'allégresse.

BACHCHAR (Xème siècle)

- ♦ -

On voit selon son coeur
les événements en rêve,
Tout fleurit à l'envi
aux yeux troublés de vin.

HOUANG KING-KIEN (XIème Siècle)

- ♦ -

Veux-tu que ta vie
repose sur une voie solide ?
Veux-tu vivre affranchi de tout chagrin ?
Ne demeure pas un instant sans boire du vin.

OMAR KHAYAM (XIIème Siècle)

- ♦ -

LA BENEDICTION DU VIN

Ceux qu'on sert dans des pots, des outres ou des verres,
ceux qu'on vide joyeux ou la lèvre sévère,
le lachrima Christi, le Châteauneuf des Papes
dont Avignon, Seigneur, a vu mûrir les grappes !
Faites qu'ils restent clairs, odorants, pavoisés,
afin de réjouir les coeurs désabusés
et d'alléger l'esprit que les soucis oppressent
sans jamais le voiler des vapeurs de l'ivresse !
Qu'ils apportent la force aux membres et soutiennent
les muscles affaiblis et las; que dans les veines,
leur vertu ,régénère un sang anémié !
Bénissez le vin pur et privilégié
qu'aucun mélange n'altéra...

THOMAS BRAUN (1876-1962)
"Le livre des Bénédictions"

- ♦ -

UN RECONFORT

Le vin console les tristes,
rajeunit les vieux, inspire les jeunes,
soulage les déprimés du poids de leurs soucis.

LORD BYRON (1788-1824)

- ◆ -

Qui, après en avoir bu, parle
des rigueurs de la guerre ou de la pauvreté ?

HORACE (65 -8 av. JC)

- ◆ -

Mettez un homme fatigué devant un repas
copieux, il va manger avec effort et se sentira
peut-être mieux. Donnez-lui un verre de vin
ou d'alcool, il va immédiatement revenir à son
meilleur état : vous le voyez revivre sous vos yeux.

BRILLAT-SAVARIN (1755-1826)

- ◆ -

Le bon vin possède une double vertu.
Il vous monte au cerveau,
... vous fait l'entendement sagace, vif, inventif...
... Sa seconde vertu est de réchauffer le sang...
C'est du vin que vient la vaillance...

SHAKESPEARE (1564-1616)

Le vin est le breuvage le plus sain
et le plus hygiénique qui soit.

LOUIS PASTEUR (1822-1895)

- ♦ -

La pénicilline guérit les humains :
le vin les rend heureux.

SIR ALEXANDER FLEMING (1881-1955)

- ♦ -

Le vin nourrit, rafraîchit et réjouit...
Que le vin manque, les médicaments
deviennent nécessaires.

extrait du TALMUD

- ♦ -

Le vin dissipe la tristesse du coeur
mieux que l'or ou le corail;
il donne la vaillance au jeune homme
et la force au vieillard,
du coeur au lâche,
de l'ardeur à l'indolent.

"LA CÉLESTINE" (XVème siècle)

- ♦ -

CHANSON A BOIRE

Chevaliers de la Table Ronde,
Goûtons voir, si le vin est bon.
S'il est bon, s'il est agréable,
J'en boirai jusqu'à mon plaisir;
J'en boirai cinq à six bouteilles
Une fille sur les genoux.
Si je meurs, je veux qu'on m'enterre
Dans une cave, où il y a du bon vin.
Les deux pieds contre la muraille
et la tête sous le robinet.
Sur ma tombe, je veux qu'on inscrive,
Ici gît le roi des buveurs…

CHANSON ESTUDIANTINE

- ♦ -

QUELQUES GRANDS CRUS

Un Montrachet devrait être bu
à genoux et nu-tête.

ALEXANDRE DUMAS (1802-1870)

- ♦ -

De la rosée et du miel distillés
avec le parfum des fleurs sauvages...

ANDRÉ SIMON (1877-1970) à propos du " Château d'Yquem"

- ♦ -

Une alchimie secrète s'empare
des moindres richesses du terroir
pour en composer
un élixir sans pareil.

MAURICE CONSTANTIN-WEYER "L'Ame du Vin"

- ♦ -

Qui pourra mettre en oubli
Le limpide et sec Chablis,
Qui joint à tant d'autres titres
L'art de faire aimer les huîtres.

ANONYME

Premier ne puis, second ne daigne,
Mouton suis.

DEVISE DU MOUTON-ROTSCHILD (en 1855)

- ♦ -

Je voulais préparer un dîner
qui soit à la hauteur du Lafitte.
Cela m'a pris quatre jours…

JEANNE POUSSIN, née en 1942

- ♦ -

Des vins magnifiques, riches,
dotés d'un bouquet exquis,
d'un fumet de ronce et d'aubépine,
avec une arrière-senteur de truffe…

DOCTEUR RAMAIN, à propos des vins "Cheval Blanc" et "Figeac"

- ♦ -

La légende veut qu'au Moyen-Age
le paysan Bertin fit de son champ
une vigne et qu'au fil des années le vin
qu'il produisit acquit une grande notoriété.
On ne parlait plus que du champ de Bertin.

- ♦ -

Le vin est le symbole et le moyen
de la communion sociale : la table entre
tous les convives établit le même niveau,
et la coupe qui y circule nous pénètre,
envers nos voisins, d'indulgence,
de compréhension et de sympathie.

PAUL CLAUDEL (1968-1955)

- ♦ -

Lui : Que tes seins soient comme
les grappes d'un cep,
et la senteur de ta narine
comme des pommes, et ton palais
comme un vin de marque…
Elle : … allant tout droit à mon chéri,
coulant aux lèvres des dormeurs.

LE CANTIQUE DES CANTIQUES VII 9,10.

- ♦ -

L'amour de la patrie,
vertu dominante des grandes âmes,
me saisit toujours à l'aspect
d'une bouteille de vin de Bourgogne.

PRÉSIDENT CHARLES DE BROSSES (1709-1777)

Le vin donne du courage
et rend l'homme capable de passions.

OVIDE (43 - 17 après JC)

- ♦ -

Il attise le désir mais
diminue la performance.

SHAKESPEARE (1564-1616)

- ♦ -

De Tourangeaux, Angevins,
Bons fruits, bons esprits, bons vins.

- ♦ -

Prenons des femmes et du vin,
gloussons et rigolons.
Les sermons et l'eau plate
c'est pour demain.

LORD BYRON (1788-1824)

- ♦ -

Vieilles toupies deviennent
gentes demoiselles grâce au vin.

DICTON du 17ème siècle

- ♦ -

UN MIRACLE DE LA NATURE

Avant que le vin commença de naître,
il a fallu que sa terre de production
devienne une très vieille chose,
et que son berceau soit un tombeau
empli de la cendre des années
et de la poussière des siècles.

GASTON ROUGNEL

- ♦ -

Miracle du vin
qui refait de l'homme
ce qu'il n'aurait jamais dû cesser d'être :
l'ami de l'homme.

RENÉ ENGEL

- ♦ -

Le vin français a toujours
en Angleterre un goût d'encre;
en France, il a un goût de soleil.

GEORGE MOORE (1882-1933)

- ♦ -

IVRESSE CHERIE !

Ivrogne, ta sagesse m'émerveille :
La vérité dort dans le vin !

ALEXANDRE BLOK (1880-1921)

- ♦ -

Boire en Templier,
c'est boire à plein gosier.
Boire en Cordelier,
c'est vider le cellier.

DICTON

- ♦ -

Salut, ô mon dernier matin.

CHARLES GOUNOD
"Faust, acte 1, scène 1"

- ♦ -

Noé fut le premier agriculteur;
il planta une vigne
et il en but le vin,
s'enivra et se trouva nu
à l'intérieur de sa tente.

GENESE, 9, 20.

- ♦ -

A BACCHUS !

Bacchus : nom donné à une divinité
bien complaisante qui fut inventée
par les anciens pour avoir une
bonne excuse de devenir saoul.

AMBROISE BIERCE (1842-1914)

- ◆ -

Bacchus ouvre les portes du coeur.

HORACE (65 -8 av. JC)

- ◆ -

Ce n'est pas seulement dans
le vin vermeil que Dyonisos vit.
Il vit aussi dans tout ce qui devient
dynamique, dans la folie de la force.
Une tempête marine est une bacchanale.

EUGENE D'ORS (1882-1957)

- ◆ -

Sans Cérès et Bacchus, Vénus est de glace.

TERENCE (190?-159 av JC)

- ◆ -

In vino veritas.

PLINE

- ◆ -

Sans mors, sans éperon, sans bride
Partons à cheval sur le vin
Pour un ciel féerique et divin !...
Nous fuirons, sans repos ni trêves
Vers le paradis de mes rêves !

CHARLES BAUDELAIRE

- ◆ -

LE PRIX DU VIN

Quand le vin est tiré,
il faut le boire.

PROVERBE

- ♦ -

Il n'y a que la première bouteille
qui soit chère.

PROVERBE

- ♦ -

Quel que soit son prix,
le vin vaut certainement plus
que sa valeur d'achat car c'est de la joie
qu'il apporte dans toute la maison,
la joie d'un rayon de soleil.

ANDRÉ SIMON (1877-1970)

- ♦ -

Un peu d'amour, c'est comme
un peu de bon vin… Trop de l'un ou
de l'autre rendent un homme malade.

JOHN STEINBECK (1900-1968)

- ♦ -

Los à toi, Vin, los à toi dans la treille,
Los dans la sève, los dans le raisin,
Los dans la tonne et los dans la bouteille;
Dans le verre, los à toi, Vin;
Los dans la main et dans la bouche pleine,
Los à toi, los toujours retentissant,
Los dans le coeur, los encore dans la veine,
Los à toi, Vin, los dans le sang !

ANDRÉ BERRY (1902-1986) "Les Esprits de Garonne" Chant VI, Hymne au Vin.

- ♦ -

Je consens qu'on me précipite
dans la mer du haut du rocher de l'Eucade,
pourvu qu'auparavant on me laisse
m'enivrer à mon aise et faire
rayonner la joie sur mon front.
Bien fou qui n'aime pas boire,
car le vin nous remplit d'une
voluptueuse ivresse...
Le vin nous invite à la danse
et nous fait oublier nos maux.

EURIPIDE (480-405 av. JC) "Le Cyclope"

- ♦ -

JOUISSONS DU VIN

Aimer est le grand point, qu'importe la maîtresse ?
Qu'importe le flacon pourvu qu'on ait l'ivresse ?

ALFRED DE MUSSET (1810-1857)
"La coupe et les lèvres"

- ♦ -

Ton ami est à l'égal du vin
le plus vieux de ta cave :
Prends-en sagement,
Lève le verre doucement.

RAMOS (1892-1933)

- ♦ -

Qui pourrait croire à l'amour
et abjurer le vin ?
C'est la pierre de touche
à l'aide de laquelle un amant
connaît son propre coeur.

SHERIDAN (1751-1816)

- ♦ -

Les vins dont on se souvient
ne sont pas spécialement les plus fins et les
meilleurs crus ne sont pas une garantie de plaisir
si le contexte n'est pas favorable

H. WARNER ALLEN

Le vin,
de la poésie en bouteille.

ROBERT LOUIS STEVENSON (1856-1894)

- ♦ -

Vois-tu la longue ribambelle
Des gens bras-dessus, bras-dessous,
Certes la fête sera belle,
Tous les faubourgs sont déjà saouls !

MAURICE DONNAY (1859-1945)
"Quatorze juillet"

- ♦ -

… Si le vin de toi n'est aimé
Visiteur retourne en arrière,
Le port de Bordeaux t'est fermé.

ANDRÉ BERRY (1902-1986)
Inscription à l'entrée du port de Bordeaux.

- ♦ -

Le vin met à jour
les secrets cachés de l'âme.

HORACE

- ♦ -

Entre la coupe transparente et colorée,
et le vin subtil et purpurin, mon choix hésite
et ne sait ce qu'il convient de dire !
Car la coupe est comme
le vin subtil et purpurin !
Et le vin est comme cette coupe
transparente et colorée.

AVERROES (1126-1198)

- ◆ -

Dans les verres épais du cabaret brutal,
Le vin bleu coule à flots et
sans trêve à la ronde;
Dans les calices fins plus rarement abonde
Un vin dont la clarté soit digne du cristal.

SULLY PRUDHOMME (1839-1907)

- ◆ -

Après le pain vient le vin,
second aliment donné par le Créateur
à l'entretien de cette vie
et le premier célébré par son excellence.

OLIVIER DE SERRRES (1539-1619)

- ◆ -

Il n'y a pas de joie sans vin.

LE TALMUD, Pesakhim 109 a.

- ♦ -

Nunc est bibendum,
Nunc pede libero pulsanda tellus !

HORACE (65-8 av. JC)

- ♦ -

Ah, bouteille ma mie,
pourquoi vous videz-vous ?

MOLIERE (1622-1673)

- ♦ -

Il s'adressa au marié et lui dit :
" Tout le monde offre d'abord le bon vin
et, lorsque les convives sont gris,
le moins bon; mais toi,
tu as gardé le bon vin jusqu'à maintenant !"

JEAN 2, 10 - Les Noces de Cana

- ♦ -

Un repas sans vin est comme un jour sans soleil.

LOUIS PASTEUR (1822-1895)

- ♦ -

VINS INOUBLIABLES

Les vieux amis sont comme
les vieux vins qui, en perdant de
leur verdeur et de leur mordant,
gagnent en chaleur suave.

CHARLES-AUGUSTIN SAINTE-BEUVE (1804-1869)

- ♦ -

Comme une belle fille
derrière sa vitre,
le Moulin-à-Vent vous sourit
à travers le verre, montrant
sans pudeur sa belle carnation.
La fermeté de sa chair vous étonnera.

ENTENDU D'UN VIGNERON DU BEAUJOLAIS

- ♦ -

Le Musigny est un vin de soie
et de dentelle… Il vous donne à sentir
les parfums d'un jardin humide,
l'odeur d'une rose, une violette
dans la rosée du matin.

GASTON ROUGNEL

- ♦ -

PRENONS NOTRE TEMPS

Les anciens Goths de Germanie (...) avaient tous la sage coutume de débattre deux fois chaque question importante pour la nation. A savoir, une fois ivres et une fois sobres. Ivres, afin que leurs conseils ne manquassent pas de vigueur; et sobres, afin qu'ils ne manquassent pas de prudence.

LAURENCE STERNE (1713-1768)

- ♦ -

Loue la vie de t'accorder le don de la soif. Car, sans soif, ton coeur n'est que le rivage d'une mer stérile, privée de chant et de marée. Bois ton vin seul et fais-le avec enthousiasme. Lève ta coupe bien haut au-dessus de ta tête, et vide-la jusqu'à la lie, à la santé de ceux qui, eux aussi, boivent seuls.

KHALIL GIBRAN (1883-1931) "Le Jardin du Prophète"

- ♦ -

UN PLAISIR COMPLET

…Je sais vin de rivière
Si bon que jamais tel ne fut planté,
Qui en boit c'est droite santé
Car c'est un vin clair et brillant,
Fort, fin, frais, sur la langue friant,
Doux et plaisant à l'avaler.

WATRIQUET DE COUVIN (vers 1320) Fabliau

- ♦ -

Pour bien apprécier le vin,
il faut de l'odorat, un sens du goût
suffisamment développé et un oeil
pour la couleur. Tout le reste n'est
qu'expérience et goût personnel.

CYRIL RAY (1908-1991)

- ♦ -

L'odeur du vin,
ô combien plus est friand,
riant, priant, plus céleste
et délicieux que d'huile !

FRANÇOIS RABELAIS (1494-1553)

- ♦ -

PROFITONS DU MOMENT PRESENT

Messieurs, dans ce court laps de temps
qui nous reste après la crise et avant la catastrophe,
buvons une coupe de champagne.

PAUL CLAUDEL

- ◆ -

Garçon, apporte-nous du vin et des dés.
Laissons à demain le souci de notre Salut !
La mort elle-même, nous titillant,
ne nous susurre-t-elle pas :
"Profite de la vie : j'arrive !"

VIRGILE (70-19 av JC)

- ◆ -

Bois du vin,
car tu dormiras longtemps sous la terre,
Sans compagnon, sans ami, sans femme,
garde-toi de confier à personne ce secret :
Un coquelicot fané ne refleurit jamais.

OMAR KHAYAM (1022-1124 ?)

- ◆ -

Lazarus, tu dois plus au vin
qu'à ton propre père.
En effet, si celui-ci t'a donné la vie une fois,
le vin, lui, te la rend des centaines de fois.

ANONYME ESPAGNOL du XVIème siècle.

- ♦ -